Impressum

Verlag: BABADADA GmbH, Nedderfeld 112 , 22529 Hamburg

Geschäftsführer / Verlagsleitung: Harald Hof

Druck: Books on Demand GmbH, In de Tarpen 42, 22848 Norderstedt

Imprint

Publisher: BABADADA GmbH, Nedderfeld 112 , 22529 Hamburg, Germany

Managing Director / Publishing direction: Harald Hof

Print: Books on Demand GmbH, In de Tarpen 42, 22848 Norderstedt

学校

sikolwa

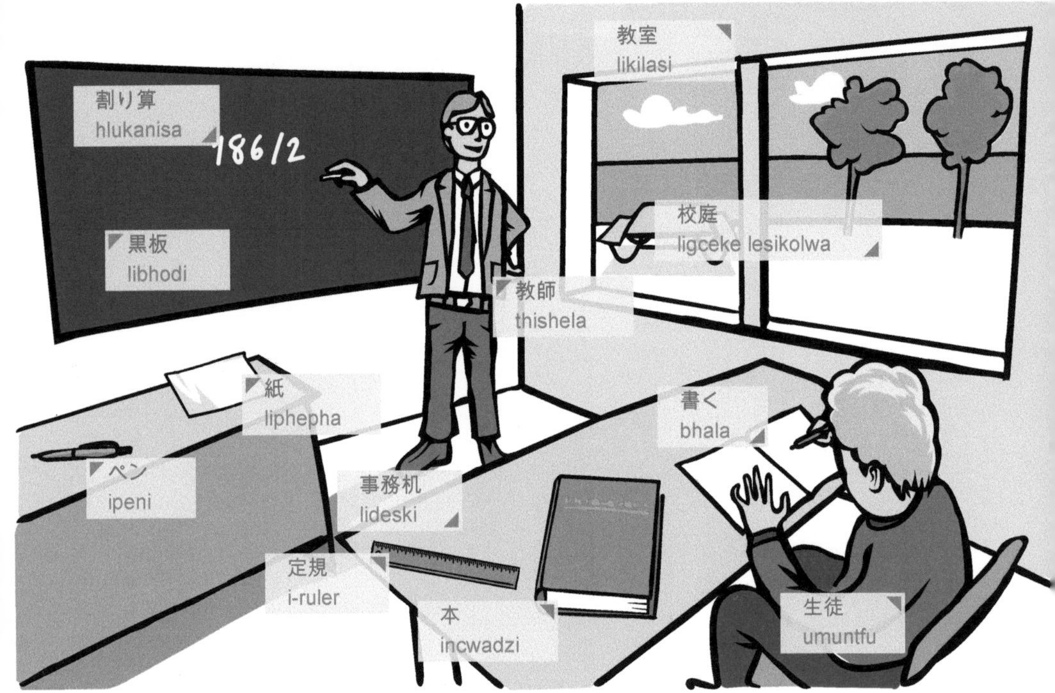

教室
likilasi
割り算
hlukanisa
186/2
黒板
libhodi
校庭
ligceke lesikolwa
教師
thishela
紙
liphepha
書く
bhala
ペン
ipeni
事務机
lideski
定規
i-ruler
本
incwadzi
生徒
umuntfu

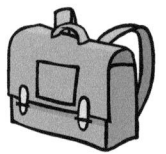

ランドセル

sikhwama setincwadzi tesikolwa

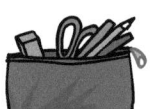

筆入れ

sikhwanyana semapenisela

鉛筆

ipenisela

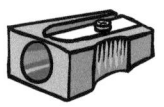

鉛筆削り

umshini wekulolo ipenisela

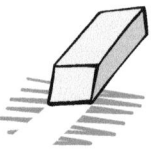

消しゴム

i-rubber

スケッチブック

intfo yekudvweba

スケッチ

umdvwebo

絵筆

libhulashi lekupenda

絵の具箱

libhokisi lekupenda

はさみ

tikelo

接着剤

i-glue

練習帳

incwadzi yekutadisha

宿題

umsebenti wasekhaya

数

inombolo

足し算

hlanganisa

引き算

susa

かけ算

phindzaphidza

計算する

bala

文字

incwadzi

アルファベット

feleba

単語

ligama

テキスト

umbhalo

読む

fundza

チョーク

ishogo

授業

sifundvo

学級日誌

i-register

試験

sivivinyo sekugcina

通知表

sitifiketi

制服

timphahla tesikolwa

教育

imfundvo

百科事典

i-ensaklopheda

大学

inyuvesi

顕微鏡

sipopolo

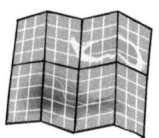

地図

libalave

ごみ箱

libhakede lekulahla
emaphepha

旅行

kuhamba

ホテル
lihhotela
Grand
ホステル
lihhostela
ROOMS
両替所
i-bureau de change
スーツケース
sikhwama setimphahla
自動車
imoto

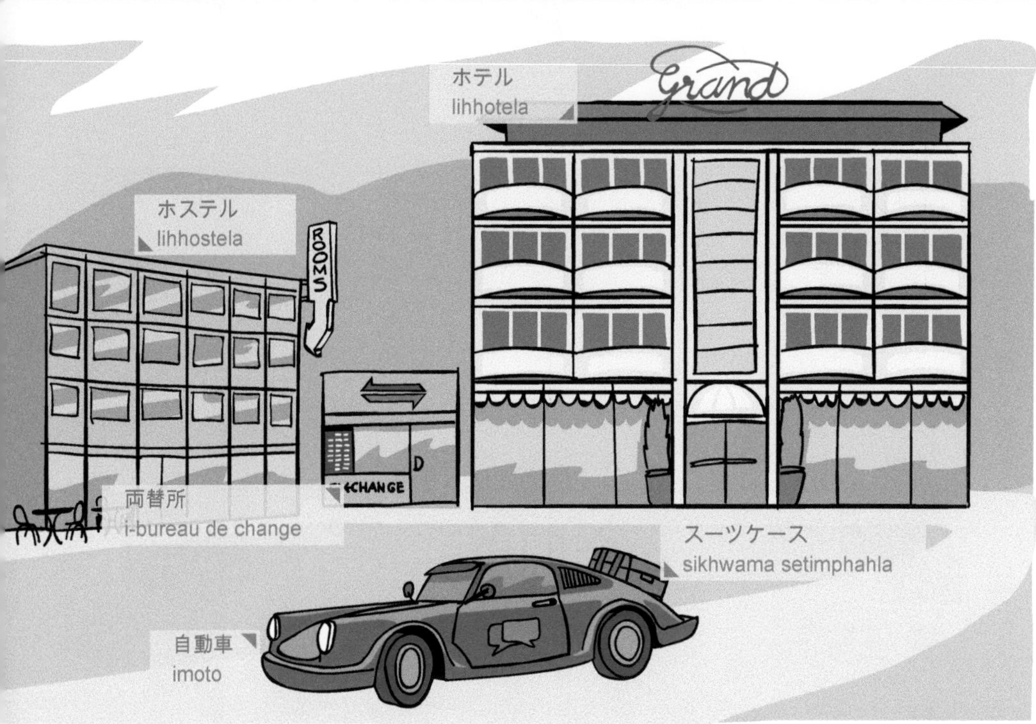

言語

lulwimi

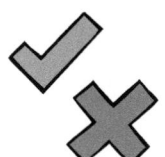

はい / いいえ

yebo / cha

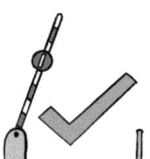

問題ない

Kulungile

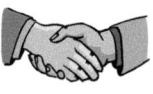

ハロー

sawubona

翻訳者

umhumushi

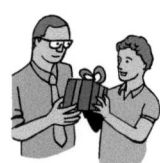

ありがとう

Siyabonga

...はいくらですか？

ingumalini i....?

わかりません

angivisisi kahle

問題

inkinga

こんばんは！

Lishonile!

おはようございます！

Kusile!

おやすみなさい！

Ulale kahle!

さようなら

sala kahle

方向

sicondziso

手荷物

umtfwalo

バッグ

sikhwama

リュックサック

sikhwama lesigacwako

お客様

sivakashi

部屋

likamelo

寝袋

sikhwama sekulala

テント

lithende

旅行者情報

mininingwane yetivakashi

ビーチ

ibhishi

クレジットカード

likhadi lemali

朝食

kudla kwasekuseni

昼食

kudla kwasemini

夕食

kudla kwantsambama

チケット

lithikithi

エレベーター

i-lift

スタンプ

sitembu

境界

umcele

税関

emakhasimende

大使館

i-embasi

ビザ

i-visa

パスポート

ipasipoti

輸送

kwetfutsa

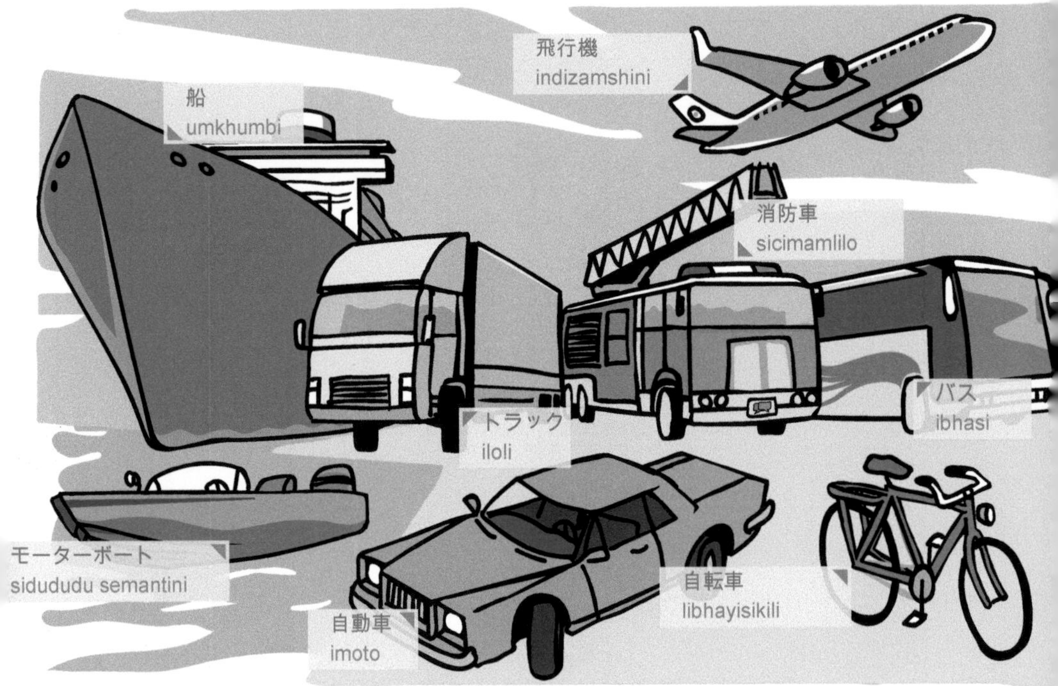

飛行機
indizamshini
船
umkhumbi
消防車
sicimamlilo
バス
ibhasi
トラック
iloli
モーターボート
sidududu semantini
自転車
libhayisikili
自動車
imoto

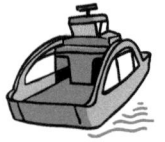

フェリー

i-ferry

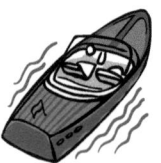

ボート

sikebhe

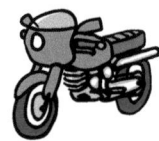

バイク

sidududu

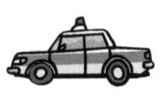

パトカー

imoto yemaphoyisa

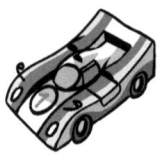

レーシングカー

imoto yemjaho

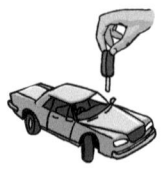

レンタカー

imoto yekucashisa

カーシェアリング

kubolekana imoto

レッカー車

i-breadown

ごみ収集車

iloli yetibi

モーター

imoto

燃料

phethiloli

ガソリンスタンド

ligalaji laphethiloli

交通標識

luphawu lwemgwaco

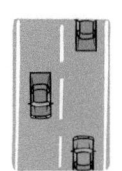

交通

incumbi yetimoto

渋滞

incumbi yetimoto letime
emngwacweni

駐車場

ipaki yemoto

駅

siteshi sesitimela

道

imizila

列車

sitimela

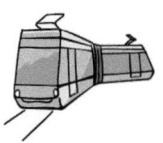

路面電車

i-tram

車両

inkalishi

ヘリコプター

indiza lenaphephela
emhlane

空港

sikhungo setindiza

タワー

imoto yekudvonsa
letibhajiwe

乗客

bagibeli

コンテナ

intfo yekutfwala

段ボール箱

likhathoni

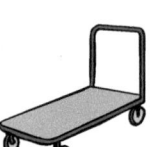

カート

i-cart

カゴ

bhasikidi

離陸 / 着陸

kusuka / kwehla

都市

lidolobha lelikhulu

村

umuti

都心

ekhatsi nelidolobha

家

indlu

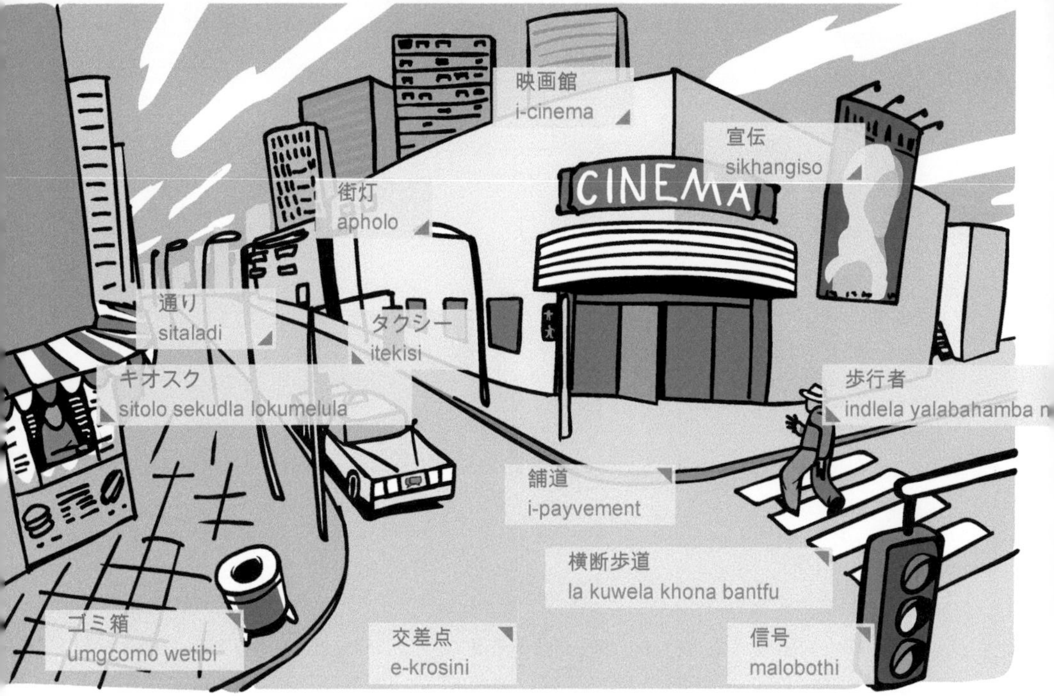

映画館
i-cinema
CINEMA
宣伝
sikhangiso
街灯
apholo
通り
sitaladi
タクシー
itekisi
キオスク
sitolo sekudla lokumelula
歩行者
indlela yalabahamba n
舗道
i-payvement
横断歩道
la kuwela khona bantfu
ゴミ箱
umgcomo wetibi
交差点
e-krosini
信号
malobothi

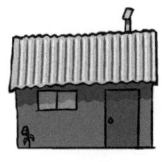

小屋

gucasthandaze

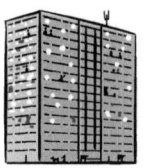

アパート

lifulethi

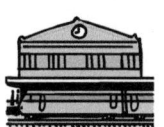

駅

siteshi sesitimela

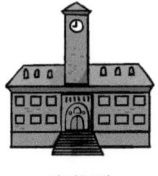

市役所

lihholwa lasedolobheni

MUSEUM

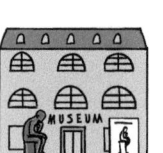

美術館

imnyusiyamu

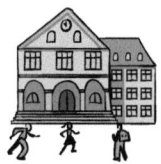

学校

sikolwa

大学

inyuvesi

銀行

libhange

病院

sibhedlela

ホテル

lihhotela

薬局

ikhemisi

オフィス

lihhovisi

書店

sitolo setincwadzi

ショップ

sitolo

花屋

lotsengisa timbali

スーパーマーケット

isuphamakethe

市場

imakethe

デパート

litiko letitolo

魚屋

batsengisi betimfishi

ショッピングセンター

luchungechuge lwetitolo

港

sikhungo

公園

lipaki

ベンチ

libhentji

橋

libhuloho

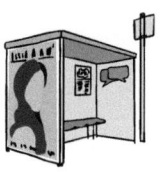

階段

titezi

地下鉄

ngephansi kwemhlaba

トンネル

umhume

バス停

siteshi sebhasi

バー

sitolo setjwala

レストラン

sitolo sekudla

ポスト

libhokisi leliposi

道路標識

luphawu lwemgwaco

パーキングメーター

umshini lobala sikhatsi
sekupaka

動物園

i-zoo

スイミングプール

i-swimming pool

モスク

lisontfo lemasulumane

農場

lipulazi

汚染

kugcolisa umoya

墓地

emathuna

教会

lisontfo

遊び場

inkhundla yetemidlalo

寺

lithempeli

風景
libala

葉
licembe

道標
luphawu lwemgwaco

道
indlela

草地
umshiya

石
litje

木
sihlahla

ハイカー
lohamba indlela lendze ngetinyawo

川
umfula

草
tjani

花
imbali

谷
sihosha

山
ligcuma

湖
lidanyana

森
lihlatsi

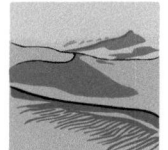

砂漠
lihlane

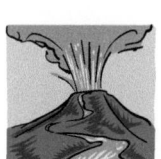

火山
intsabamlilo

城
umhlambi wetinkhomo

虹
umushi wenkhosatane

キノコ
likhowa

ヤシの木
sihlahla semphayini

蚊
imbuzulwane

ハエ
kundiza

蟻
intfutfwane

ミツバチ
inyosi

クモ
sayobi

カブトムシ

inkhubabulongo

蛙

sicoco

リス

chakijane

ハリネズミ

ingungumbane

ウサギ

lolunye luhlobo lwalogwaja

フクロウ

sikhova

鳥

inyoni

白鳥

i-swan

雄豚

ingulube yesiganga

鹿

inyamatane

ヘラジカ

i-moose

ダム

lidamu

風力タービン

i-wind turbine

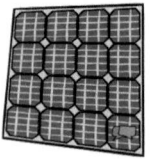

ソーラーパネル

i-solar panel

気候

simo selitulu

ウェイター
▶ waiter

メニュー
luhla lwekudla

椅子
▶ situlo

ピザ
i-pizza

スープ
lisobho

テーブルクロス
indvwangu yelitafula

刃物類
tipuni imimese netimfologo

前菜
kudla lokusicalo

メインコース
kudla locinile

デザート
idizethi

飲み物
tinatfo

食べ物
kudla

ボトル
libhodlela

ファストフード

kudla lokusheshako

屋台の食べ物

kudla kwasemngwacweni

ティーポット

ligedlela lelitiye

砂糖入れ

indishi yashukela

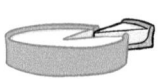

一人前

incenye

エスプレッソマシン

umshini we-espresso

幼児用食事椅子

situlo lesiphakeme

請求書

ibhili

トレー

li-tray

ナイフ

umukhwa

フォーク

imfologo

スプーン

sipuni

ティースプーン

sipuni lesincane

ナプキン

ithishu yetandla

グラス

ligilasi

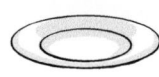

皿
lipuleti

スープ皿
lipuleti lelisobho

受け皿
lipringi

ソース
i-sauce

塩入れ
libhodvo lasawoti

ペッパーミル
i-pepper mill

酢
niniga

油
emafutsa awoyela

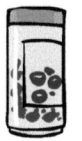

スパイス
tipayisi

ケチャップ
i-ketchup

マスタード
i-mustard

マヨネーズ
mayonasi

スーパーマーケット

isuphamakethe

特価品
lokusendalini
FOR
顧客
likhasimende
乳製品
indzawo yelubisi
ショッピング
・カート
i-trolley
果物
titselo

BUTCHERS

肉屋

ibhushari

BAKERY

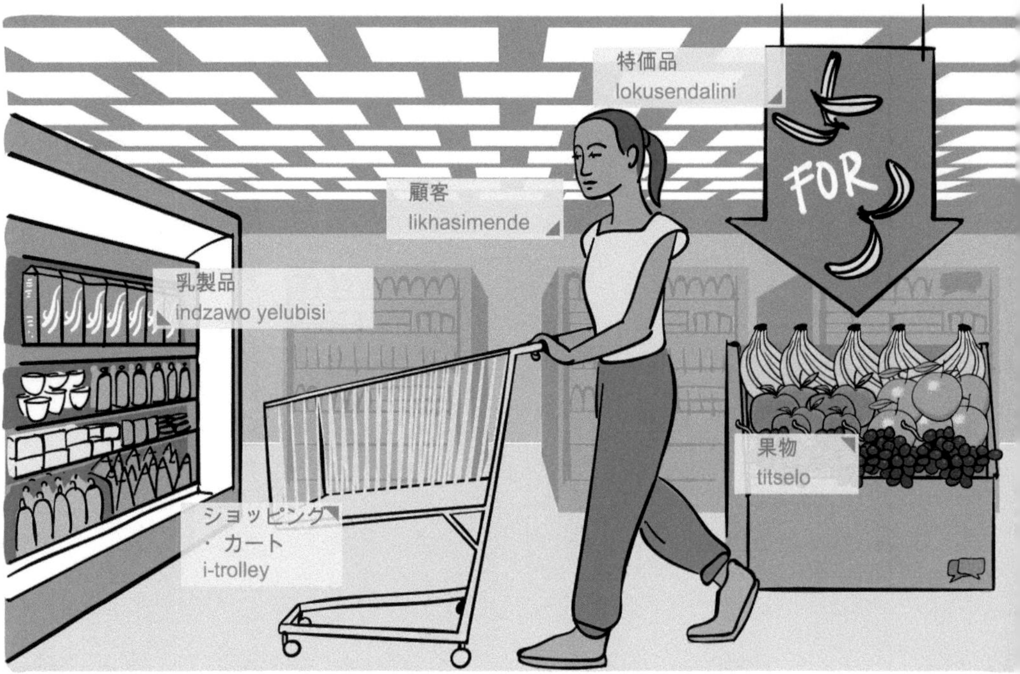

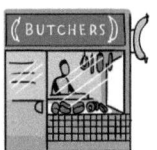

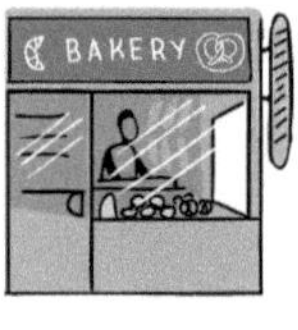

パン屋

i-baker

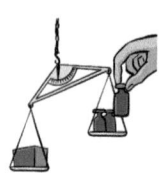

重さをはかる

kala

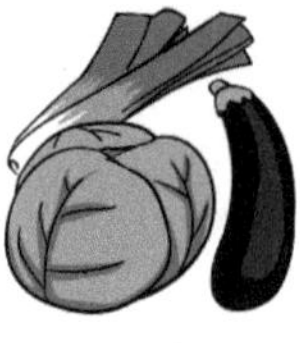

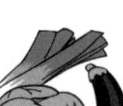

野菜

tibhidvo

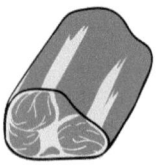

肉

inyama

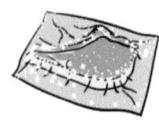

冷凍食品

kudla lokucandzisiwe

冷肉の薄切り

inyama lebandzako

缶詰食品

kudla likusemathinini

洗剤

insipho yekuwasha

菓子

emaswidi

家庭用品

tintfo tasekhaya

清掃用品

imitsi yekukolobha

販売員

umuntfu lotsengisako

現金箱

endzaweni yekubhadala

レジ係

umtsengisi

買い物リスト

luhla lwetintfo tekutsengwa

開館時刻

ema-awa ekuvula

財布

sipatji

クレジットカード

likhadi lemali

バッグ

sikhwama

ポリ袋

sikhwama seshekhasi

水

emanti

ジュース

ijuzi

牛乳

lubisi

コーラ

ikhokhi

ワイン

liwani

ビール

ibhiya

アルコール

tjwala

ココア

ikhokho

紅茶

litiye

コーヒー

likhofi

エスプレッソ

i-espresso

カプチーノ

i-cappuccino

バナナ

bhanana

リンゴ

lihhabhula

オレンジ

liwolintji

メロン

melon

レモン

ilemoni

ニンジン

emavondlela

ニンニク

galiki

竹

i-bamboo

玉ねぎ

anyanisi

キノコ

emakhowa

ナッツ

emantongomane

ヌードル

ema-noodles

スパゲッティ

sipageti

米

lilayisi

サラダ

isaladi

フライドポテト

emashibusi

フライドポテト

emazambane lafrayiwe

ピザ

i-pizza

ハンバーガー

i-burger

サンドウィッチ

isengwishi

カツレツ

inyama lefulawe netimvitsi
tesinkhwa

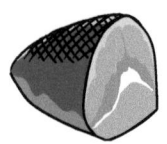

ハム

i-ham

サラミ

isalami

ソーセージ

livosi

鶏肉

inyama yenkhukhu

焼き

lokufrayiwe

魚

imfishi

麦のお粥

i-oats

ムーズリ

imusili

コーンフレーク

ema-cornflakes

小麦粉

fulawa

クロワッサン

ema-croissant

ロールパン

sinkhwa

パン

sinkhwa

トースト

linkhwa lesithosiwe

ビスケット

emabhisikidi

バター

bhotela

カッテージチーズ

i-curd

ケーキ

likhekhe

卵

emacandza

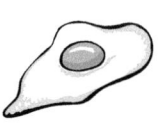

目玉焼き

emacandza lafulayiwe

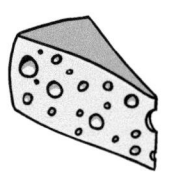

チーズ

ishizi

アイスクリーム

i-ice cream

砂糖

shukela

はちみつ

luju

ジャム

jamu

ヌガークリーム

shokolethi

カレー

ikheri

農場

lipulazi

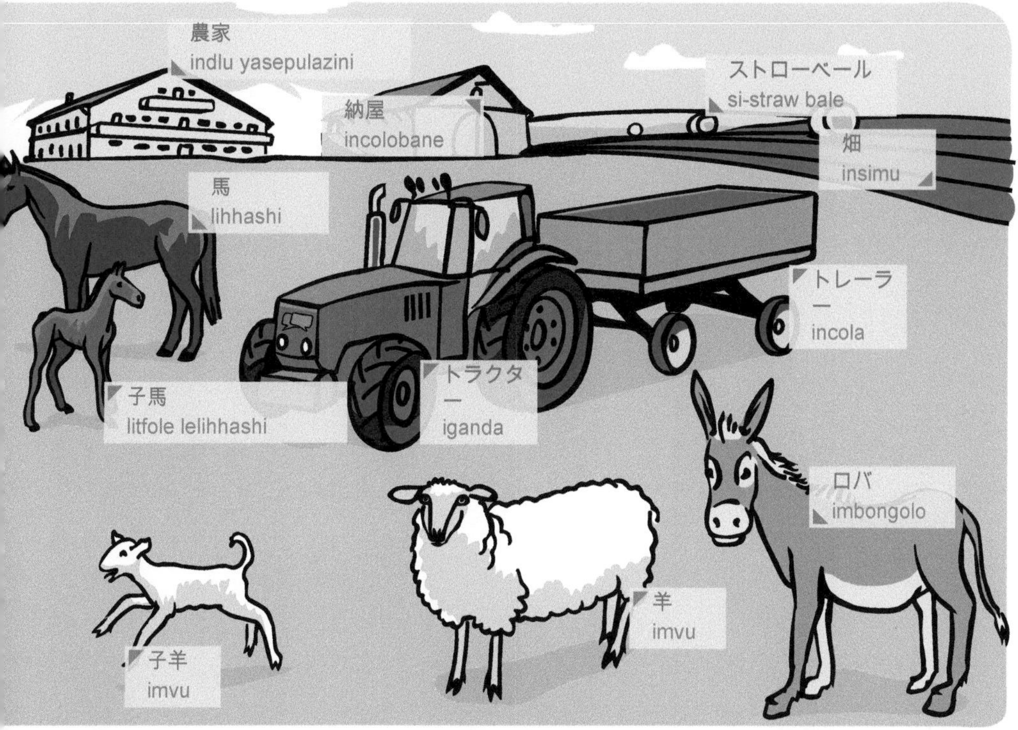

農家
indlu yasepulazini
納屋
incolobane
ストローベール
si-straw bale
畑
insimu
馬
lihhashi
トレーラー
incola
子馬
litfole lelihhashi
トラクター
iganda
ロバ
imbongolo
羊
imvu
子羊
imvu

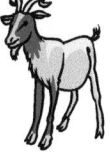

ヤギ

imbuti

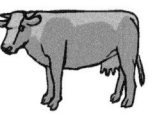

雌牛

inkhomo

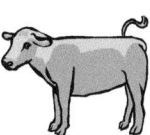

子牛

litfole

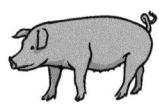

豚

ingulube

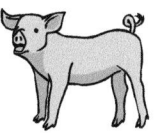

子豚

ingulutjana

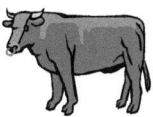

雄牛

inkhunzi

ガチョウ

lihansi

アヒル

lidada

ひよこ

lintjwele

にわとり

sikhukhukati

おんどり

lichudze

ネズミ

ligundvwane

猫

likati

ねずみ

ligundvwane lelincane

雄牛

inkhunzi

犬

inja

犬小屋

indlu yenja

散水ホース

liphayiphi lemanti
asengadzini

じょうろ

libhakede lemanti

大鎌

i-scythe

すき

likhuba leganda

草刈り鎌

lisikela

くわ

likhuba

堆肥用フォーク

imfologo yetjani

斧

lizembe

手押し車

libhala

かいばおけ

litrofula

牛乳缶

iromkani

袋

lisaka

フェンス

ifenisi

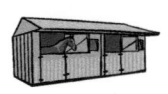

畜舎

sitebele

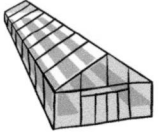

温室

indlu leluhlata

土壌

umhlabatsi

種

imbewu

肥料

sivundzisi

コンバイン

bavuni

収穫する

vuna

収穫

sivuno

ヤマイモ

i-yams

小麦

likhula

大豆

isoyi

じゃがいも

lizambane

トウモロコシ

sibhuluja sembila

菜種

i-rapeseed

果樹

sihlahla setitselo

キャッサバ

bhatata

穀物

ema-cereals

煙突
ishimela

屋根
luphahla

排水管
emaphayiphi lahambisa emanti

窓
lifasitelo

車庫
ligalaji

呼び鈴
insimbi yemnyango

ドア
umnyango

ゴミ箱
umgcomo wetibi

郵便受け
libhokisi leliposi

庭
ingadzi

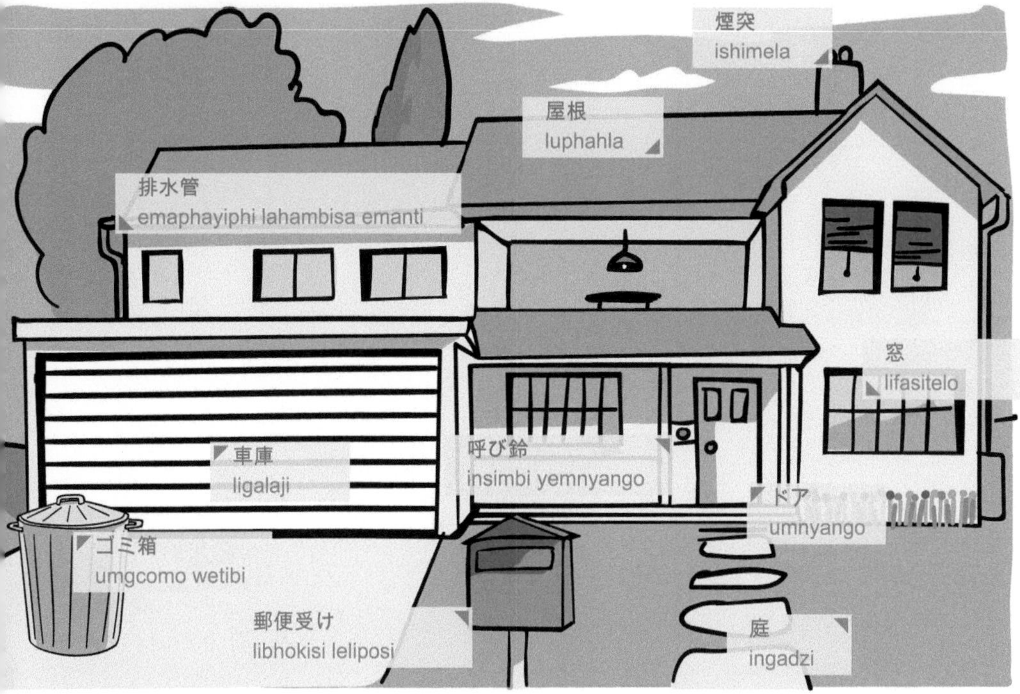

リビングルーム

ndzawo yamabonakudze

浴室

likamelo lekugezela

台所

likhishi

寝室

likamelo

子供部屋

likamelo lemntfwana

ダイニング・ルーム

ligumbu lekudlela

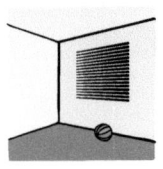

床
siyilo

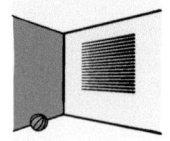

壁
lubondza

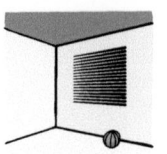

天井
isilingi

地下貯蔵庫
i-cellar

サウナ
i-sauna

バルコニー
umpheme

テラス
libala

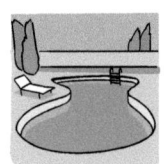

プール
lidamu lekududa

芝刈り機
umshini wetjani

シーツ
lishidi

ベッドカバー
ibhedspredi

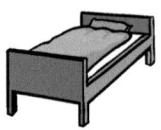

ベッド
umbhedze

ほうき
umshanelo

バケツ
libhakede

スイッチ
iswishi

リビングルーム

indzawo yamabonakudze

壁紙
i-wallpaper
絵
sitfombe
ランプ
sibane
棚
lishelufa
食器棚
likhabethe
テレビ
mabonakudze
暖炉
likahela
花
imbali
クッション
ikhushini
ソファ
sofa
花瓶
ivasi
リモコン
irimothi

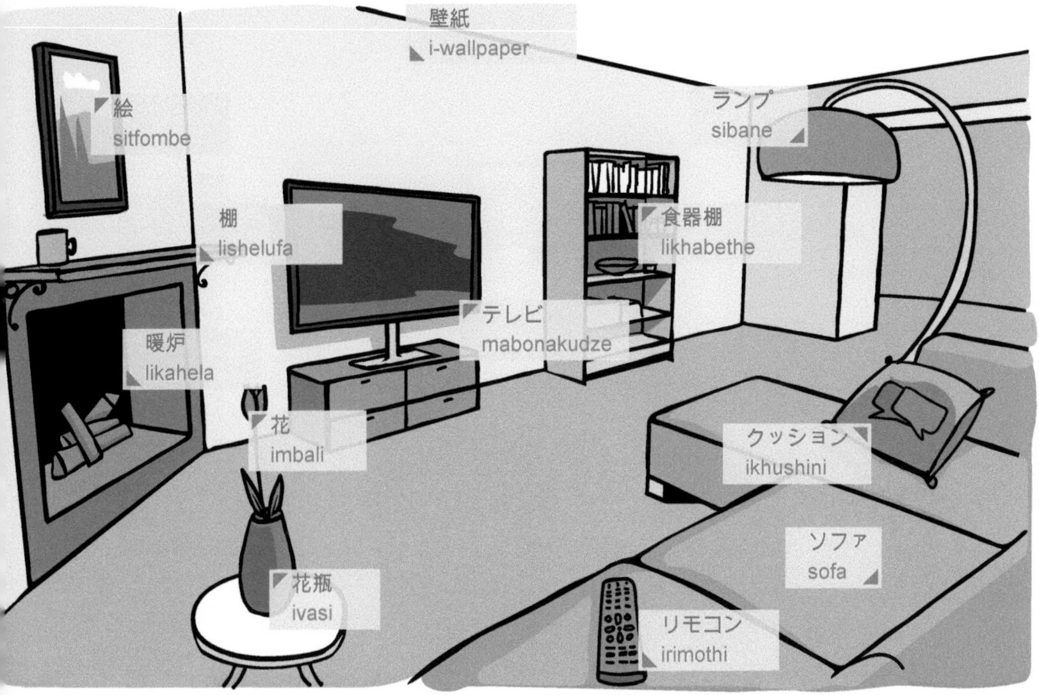

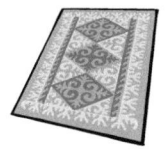

カーペット

imadi yendlu

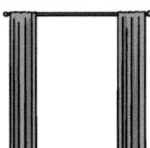

カーテン

likhetheni

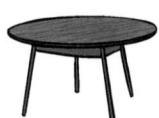

テーブル

litafula

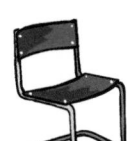

椅子

situlo

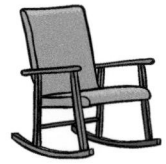

ロッキングチェア

situlo sangephandle

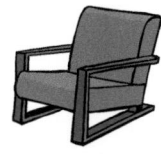

ひじ掛け椅子

situlosemikhono

本
incwadzi

毛布
ingubo

飾り
umhlobiso

たきぎ
tinkhuni tekubasa

映画
lifilimu

ステレオ
igumbagumba

鍵
tikhiya

新聞
liphephandzaba

絵画
pende

ポスター
likhadi laselubondzeni

ラジオ
iwayilensi

メモ帳
kwekutsa emaphuzu

掃除機
i-hoover

サボテン
sitjalo lokutsiwa yi-cactus

ろうそく
likhandlela

台所
likhishi

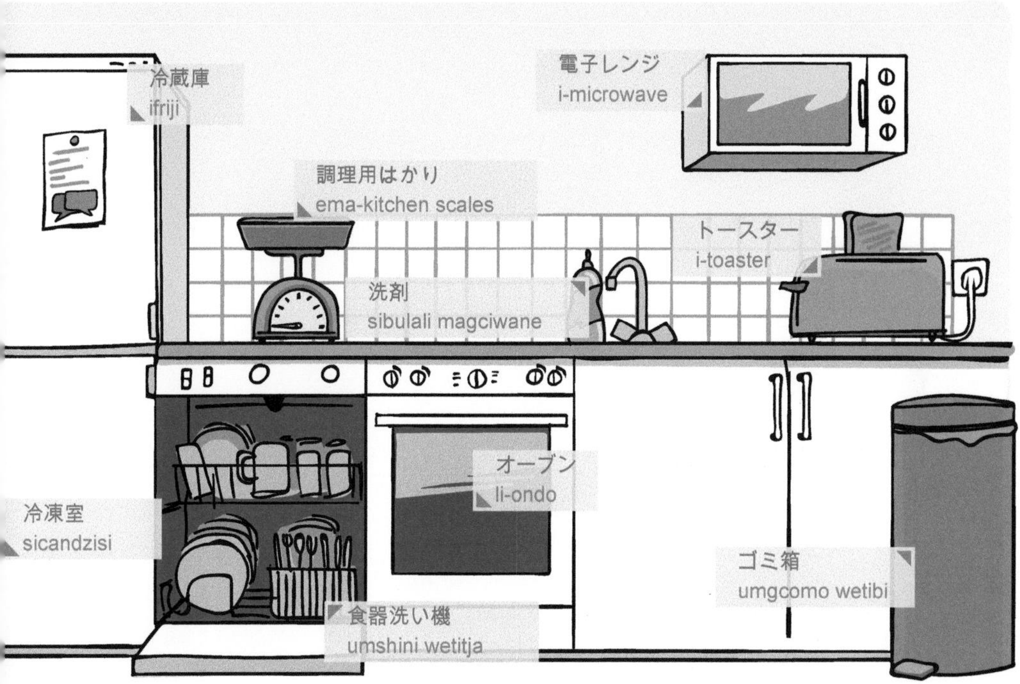

冷蔵庫
ifriji
電子レンジ
i-microwave
調理用はかり
ema-kitchen scales
トースター
i-toaster
洗剤
sibulali magciwane
オーブン
li-ondo
冷凍室
sicandzisi
ゴミ箱
umgcomo wetibi
食器洗い機
umshini wetitja

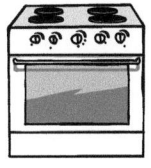

こんろ

umpheki

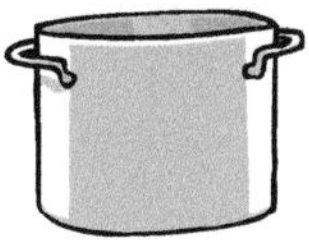

鍋

libhodvo

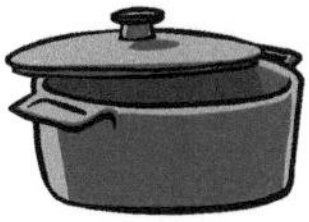

鉄鍋

i-cast-iron pot

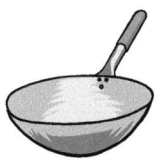

中華鍋/ カダイ鍋

i-wok /kadai

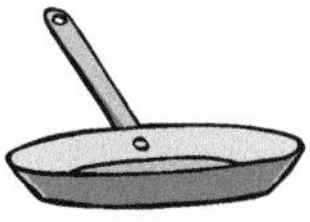

フライパン

lipani

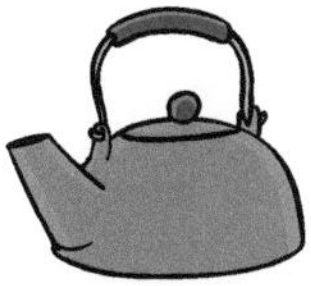

やかん

ligedlela

蒸し器

i-steamer

天板

lipani lekubhaka

食器

i-crockery

マグカップ

imagi

ボウル

indishi

箸

tindvukwana tekujuba

おたま

i-landle

へら

si-spatula

泡立て器

i-whisk

こし器

i-strainer

ふるい

i-sieve

すりおろし器

i-grater

すり鉢

i-mortar

バーベキュー

i-barbecue

かまど

umlilo lovulekile

まな板

libhodi lekujuba kudla

麺棒

i-rolling pin

栓抜き

i-corkscrew

缶

likani

缶切り

lithulusi lekuvala likani

鍋つかみ

intfo yekubeka emabhodvo

流し

izinki

ブラシ

libhulashi

スポンジ

sipontji

ミキサー

i-blender

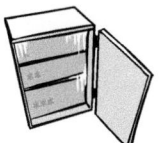

冷凍庫

i-deep freezer

哺乳瓶

libhodlela lemntfwana

蛇口

impompi

浴室

likamelo lekugezela

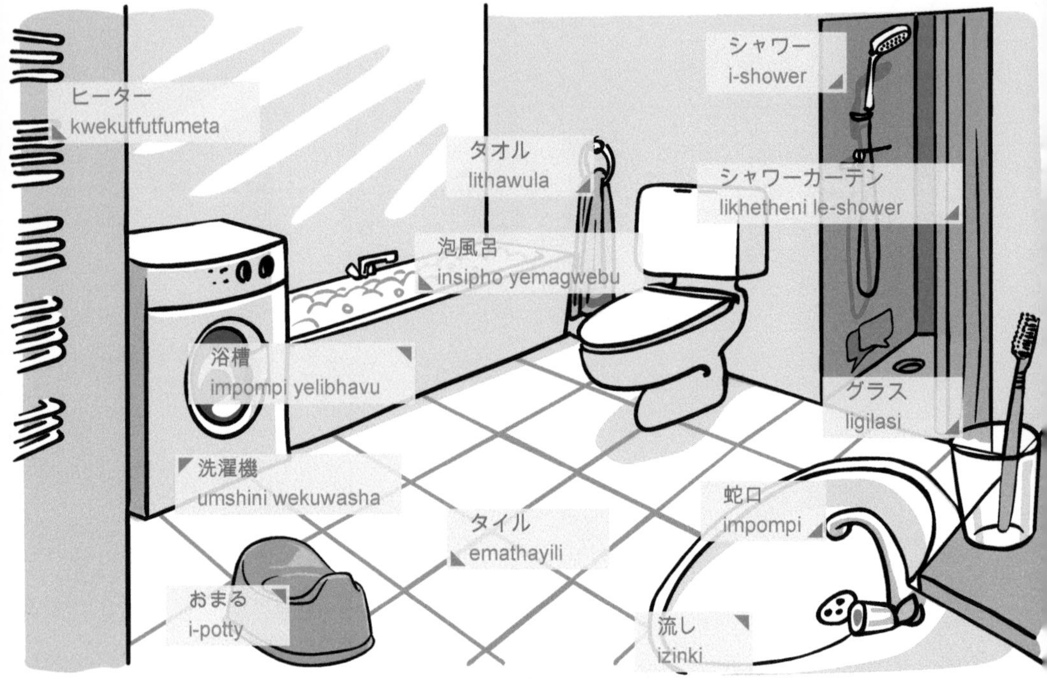

シャワー
i-shower
ヒーター
kwekutfutfumeta
タオル
lithawula
シャワーカーテン
likhetheni le-shower
泡風呂
insipho yemagwebu
浴槽
impompi yelibhavu
グラス
ligilasi
洗濯機
umshini wekuwasha
蛇口
impompi
タイル
emathayili
おまる
i-potty
流し
izinki

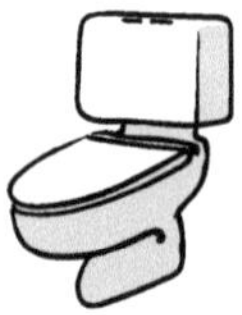

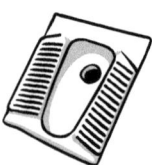

トイレ

umthoyi

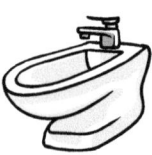

和式トイレ

libhodvo lemthoyi

ビデ

i-bidet

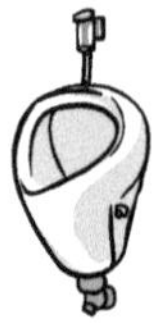

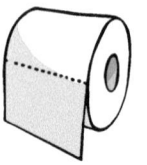

小便器

umnchamo

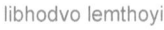

トイレットペーパー

ithishu

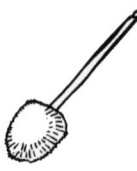

トイレブラシ

libhulashi lemthoyi

歯ブラシ

libhulashi lematinyo

歯みがき

insipho yematinyo

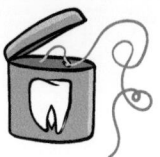

デンタルフロス

intsambo yekuhlanta
ematinyo

洗う

washa

シャワーヘッド

liphayiphu le-shower
lelibanjwa ngetandla

ハンドビデ

i-douche

洗面台

i-basin

ボディブラシ

libhulashi lemgogodla

石鹸

insipho lecinile

シャワー用ジェル

i-gel ye-shower

シャンプー

insipho yemagwebu

浴用タオル

i-flannel

排水口

kwekuhambisa emanti

クリーム

i-cream

消臭

emakha emakhwapha

鏡
sibuko

手鏡
sibuko lesincane

かみそり
i-razor

シェービング・フォーム
emagwebu ekushefa

アフターシェーブローショ
ン
kwegcobisa ngemuva
kwekushefa

櫛
i-comb

ブラシ
libhulashi

ドライヤー
kwekomisa tinwele

ヘアスプレー
kwekufutsa tinwele

化粧
kwekutimomonya

口紅
i-lipstick

マニキュア
pende wetingalo

脱脂綿
i-cotton wool

爪切り
sikelo setingalo

香水
emakha

洗面用具入れ

sikhwama setintfo tekugeza

スツール

situlo

体重計

sikali sesisindvo

バスローブ

kwekugcoka nawugeza

ゴム手袋

emagilavu e-rubber

タンポン

i-tampon

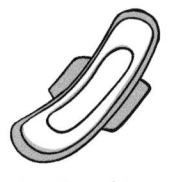

生理用ナプキン

lithawula lekuhlanta

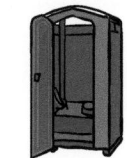

ケミカルトイレ

imitsi yekukolobha umthoyi

子供部屋

likamelo lemntfwana

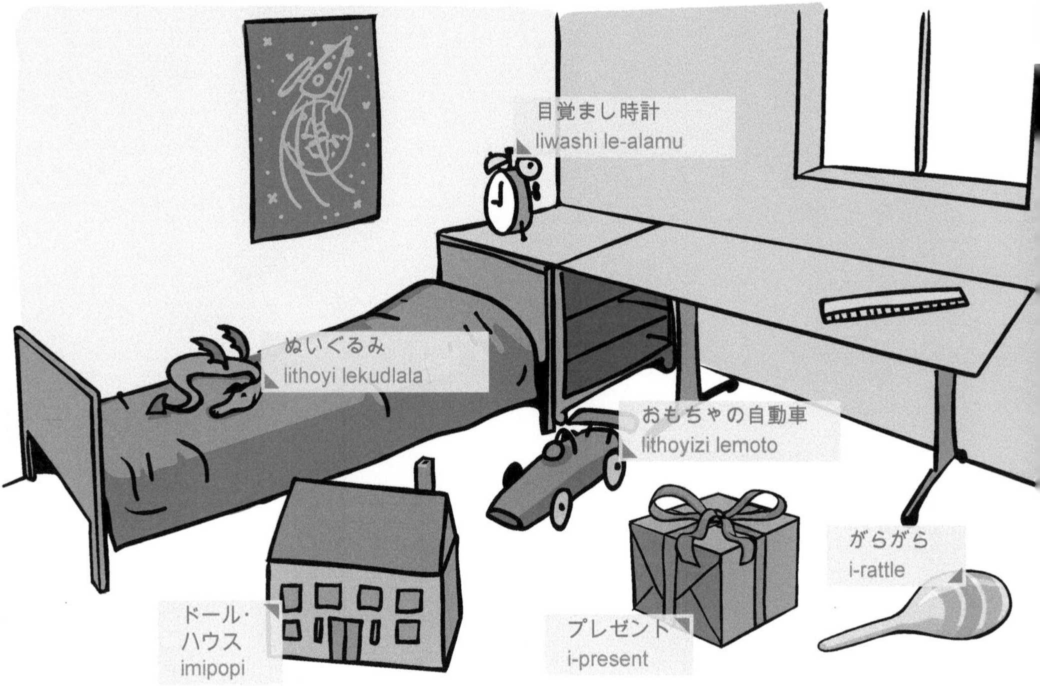

目覚まし時計
liwashi le-alamu
ぬいぐるみ
lithoyi lekudlala
おもちゃの自動車
lithoyizi lemoto
がらがら
i-rattle
ドール・
ハウス
imipopi
プレゼント
i-present

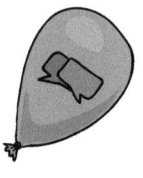

風船

ibhaluni

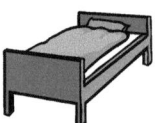

ベッド

umbhedze

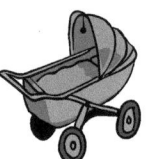

ベビーカー

ipram

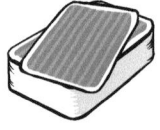

カードゲーム

emakhadi ekudlala

ジグソーパズル

i-jigsaw

SUPER
MEGA

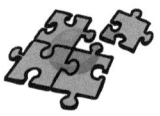

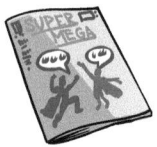

漫画

i-comic

レゴ

emabloko e-lego

玩具ブロック

emabloko ekwakha

アクションフィギュア

i-actionfigure

ロンパース

kukhula kwemntfwana

フリスビー

i-frisbee

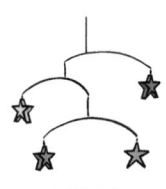

モバイル

i-mobile

ボードゲーム

ibhodi yemdlalo

さいころ

lidayisi

鉄道模型

isethi yemathoyizi etitimela

おしゃぶり

i-dummy

パーティー

i-party

絵本

incwadzi yetitfombe

ボール

ibhola

人形

nodoli

遊ぶ

dlala

砂場

umgodzi wemhlabatsi

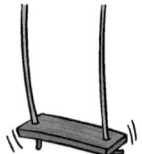

ブランコ

umjikeli

おもちゃ

emathoyizi

ゲーム機

umshini wemdlalo wema-
video

三輪車

masondvontsatfu

テディベア

umdoli welibhele

衣装ダンス

ihhodrobhu

衣服
timphahla tekugcoka

靴下

emakawosi

ストッキング

ema-stockings

タイツ

umtjopi

スカーフ
sikafu

雨傘
sambulelo

Tシャツ
tikibha

ベルト
libhande

ブーツ
emabhudzi

スリッパ
ticatfulo tasendlini

スニーカー
timphahla tekujima

サンダル

tincabule

靴

ticatfulo

ゴム長靴

emabhudzi emvula

パンツ

emabhuluko angephansi

ブラ

ibhodi

ベスト

i-vest

ボディースーツ

umtimba

ズボン

emabhuluko

ジーンズ

ibhokathi

スカート

sikedi

ブラウス

liblawosi

シャツ

liyembe

セーター

i-pullover

パーカー

i-hoodie

ブレザー

libhantji

ジャケット

silamba

コート

lijazi

レインコート

lijazi lemvula

服装

i-costume

ドレス

lilogo

ウェディングドレス

likogo lemshado

スーツ

isudi

ナイトガウン

i-gown yasebusuku

パジャマ

emabhijamu

サリー

i-sari

ヘッドスカーフ

sikafu

ターバン

i-turban

ブルカ

i-burqa

カフタン

i-kaftan

アバヤ

i-abaya

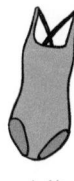

水着

timphahla tekududa

トランクス

ema-anda

半ズボン

emabhuluko lamafishane

スウェットスーツ

i-treksudi

エプロン

liphinifa

手袋

emaglavu

衣服 - timphahla tekugcoka

ボタン

inkinobho

メガネ

tibuko

ブレスレット

buhlalu

ネックレス

umgaco

指輪

indandatho

イヤリング

emacici

帽子

likepisi

ハンガー

i-hanger yelijazi

帽子

sigcoko

ネクタイ

thayi

ファスナー

iziphu

ヘルメット

sivikelo senhloko

サスペンダー

kwekusekela sitfo semtimba

制服

timphahla tesikolwa

ユニフォーム

inyunifomu

よだれかけ
i-bib

おしゃぶり
i-dummy

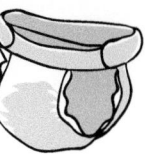

おむつ
linabukeli

オフィス
lihhovisi

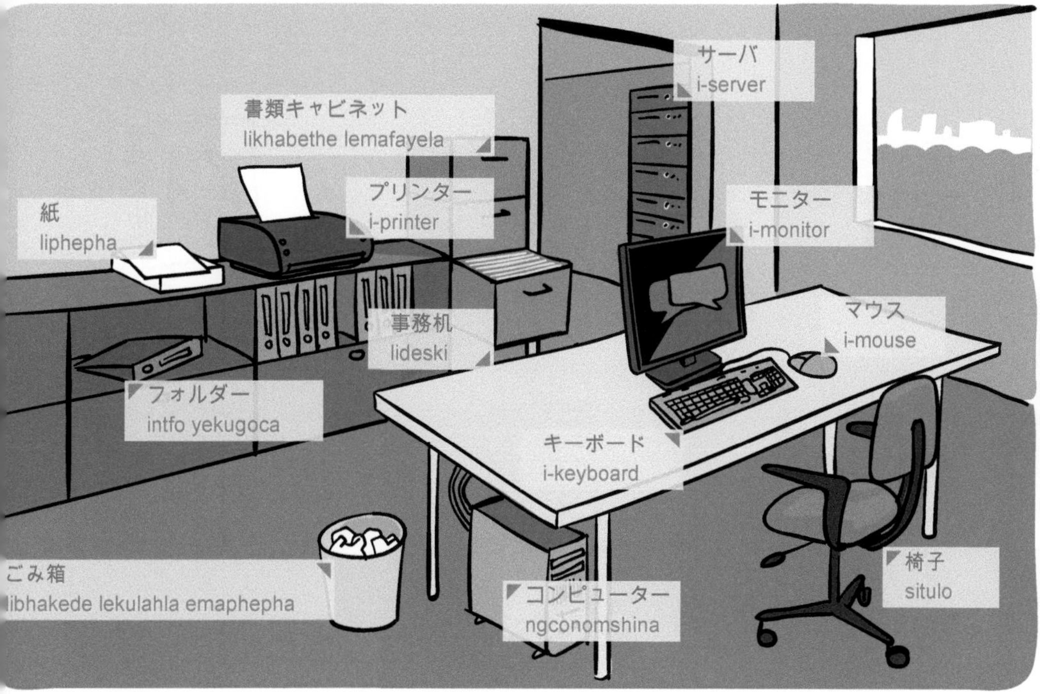

サーバ
i-server

書類キャビネット
likhabethe lemafayela

プリンター
i-printer

モニター
i-monitor

紙
liphepha

マウス
i-mouse

事務机
lideski

フォルダー
intfo yekugoca

キーボード
i-keyboard

ごみ箱
libhakede lekulahla emaphepha

コンピューター
ngconomshina

椅子
situlo

コーヒーマグ
likomishi lelikofi

計算機
i-calculator

インターネット
i-inthanethi

ラップトップ

i-laptop

手紙

incwadzi

メッセージ

umlayeto

携帯電話

i-mobile

ネットワーク

i-network

コピー機

umshini wekwenta emakhophi

ソフトウェア

i-software

電話

lucingo

コンセント

liplaliki lagesi

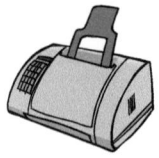

ファックス

umshini wekufeksa

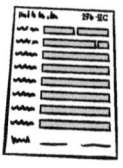

フォーム

lifomu

書類

liphepha

買う
tsenga

支払う
bhadala

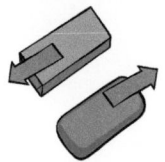

取引する
beka imali

お金
imali

ドル
li-dollar

ユーロ
li-euro

円
li-yen

ルーブル
li-rouble

スイスフラン
i-Swiss franc

人民元
i-renminbi yuan

ルピー
i-rupee

キャッシュポイント
umshini wemali

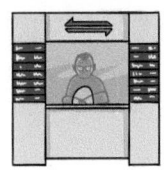

両替所

i-bureau de change

金

ligolide

銀

lisiliva

油

woyela

エネルギー

emandla

価格

linani

契約

sivumelwano

税金

umtselo

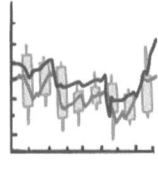

株

sitoko

働く

sebenta

従業員

sisebenti

雇用主

umcashi

工場

ifemu

ショップ

sitolo

警察官
liphoyisa

消防士
umcimimlilo

コック
umpheki

医師
dokotela

パイロット
umshayeli wetindiza

庭師

losebenta engadzini

大工

ummbati

お針子

umtfungi

裁判官

mehluleli

化学者

khemisi

俳優

umlingisi

バスの運転手

umshayeli webhasi

タクシー運転手

umshayeli wekhumbi

漁師

umdvobi

掃除婦

limedi

屋根ふき職人

umfuleli

ウェイター

waiter

ハンター

umtingeli

塗装工

mapendani

パン屋

umbhaki

電気工

gesana

建設作業員

meselane

エンジニア

sonjiniyela

肉屋

umtsengisi wenyama

配管工

somaphayiphi

郵便配達人

lohambisa liposi

軍人

lisotja

建築家

umdvwebi wemapulani

レジ係

umtsengisi

花屋

umtsengisi wetimbali

美容師

losebenta ngetinwele

車掌

umbhidisi

機械工

mekhenikha

キャプテン

kaputeni

歯科医

dokotela wematinyo

科学者

sosayensi

ラビ

rabi

イスラム導師

imam

修道士

monk

牧師

umfundisi

道具
emathulusi

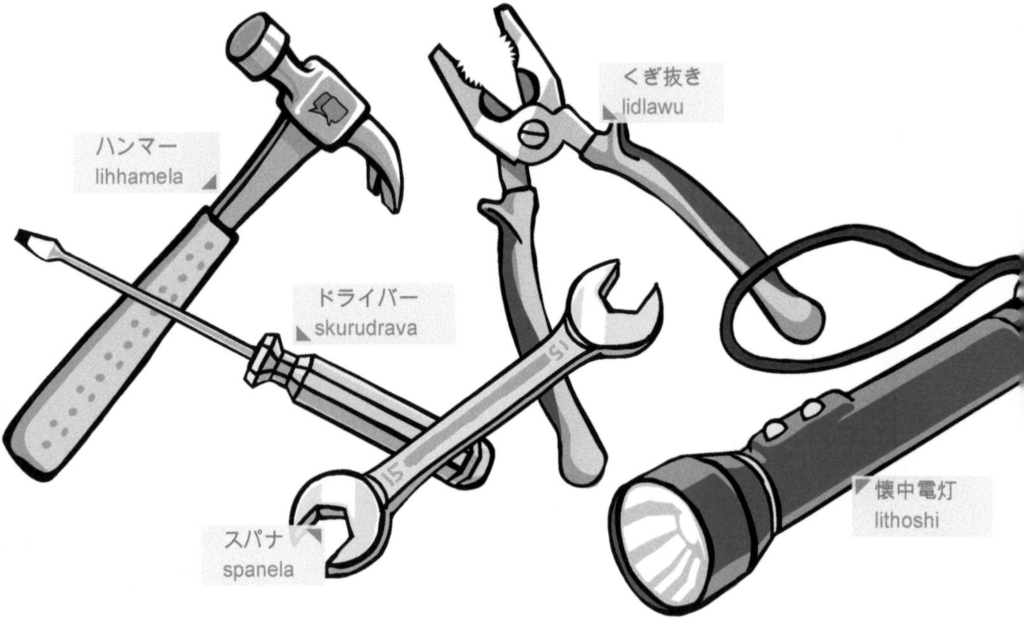

ハンマー
lihhamela
くぎ抜き
lidlawu
ドライバー
skurudrava
スパナ
spanela
懐中電灯
lithoshi

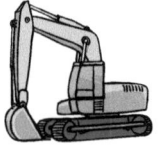

掘削機

lifosholo

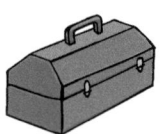

道具箱

libhokisi lemathulusi

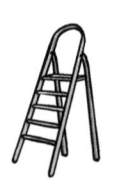

はしご

lilele

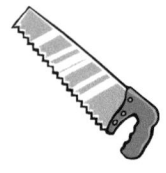

のこぎり

lisaha

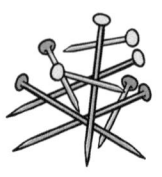

釘

tipikili

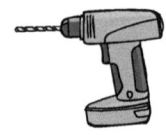

ドリル

umshini wekwenta timbobo

修理する
lungisa

シャベル
lifosholo

クソ！
i-Damni!

ちりとり
lipani lekuwola tibi

ペンキ缶
likani lapende

ネジ
tikruzi

楽器

楽器
insimbi yemculo

スピーカー
sipika lesikhulu

打楽器
ikhithi yemadramu

ギター
lugitali

コントラバス
lugitali lolukhulu

トランペット
i-trumpet

ピアノ

i-piano

バイオリン

ivayolini

バス

ibhesi

ティンパニ

i-timpani

ドラム

emadramu

キーボード

i-keyboard

サックス

i-saxohone

フルート

ifluthi

マイクロフォン

umbhobho

動物園

i-zoo

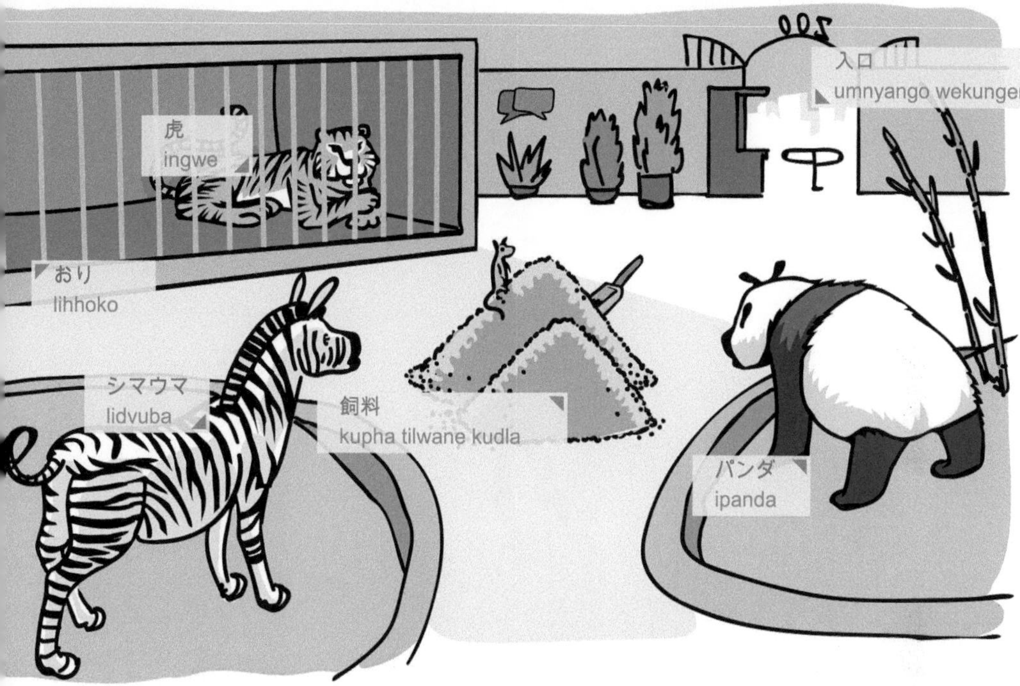

入口
umnyango wekungena
虎
ingwe
おり
lihhoko
シマウマ
lidvuba
飼料
kupha tilwane kudla
パンダ
ipanda

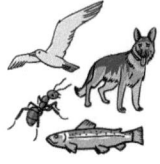

動物

tilwane

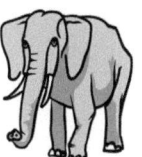

象

indlovu

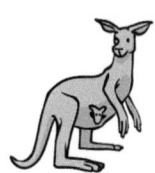

カンガルー

ikangaru

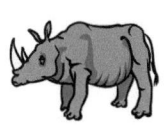

サイ

bhejane

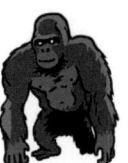

ゴリラ

igorila

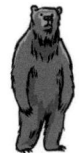

熊

libhele

ラクダ

likamela

ダチョウ

i-ostrishi

ライオン

libhubesi

猿

imfene

フラミンゴ

i-flamingo

オウム

iparoti

白クマ

libhele

ペンギン

iphejini

サメ

shaka

クジャク

iphigogo

蛇

inyoka

ワニ

ingwenya

飼育係

umgcini tilwane

アザラシ

isili

ジャガー

i-jaguar

ポニー

poni

ヒョウ

ingwe

カバ

imvubu

キリン

indlulamitsi

鷲

lusweti

雄豚

ingulube yesiganga

魚

imfishi

亀

lifundvu

セイウチ

i-warasi

狐

jakalazi

ガゼル

inyamatane

アメフト
libhola letinyawo laseMelika

サイクリング
umdlalo wemabhayisikili

テニス
itenesi

バスケットボール
i-basketball

水泳
kududa

ボクシング
umdlalo wetibhakela

アイスホッケー
umdlalo waselichweni

サッカー
libhola letinyawo

バドミントン
i-badminton

陸上競技
tingijimi

ハンドボール
libhola letandla

スキー
umdlalo wekuntjuza

ポロ
i-polo

活動

imisebenti

跳ぶ
gcuma
抱きしめる
gona
笑う
hleka
歩く
hamba
歌う
hlabela
夢見る
liphupho
祈る
thantaza
キス
cabuza

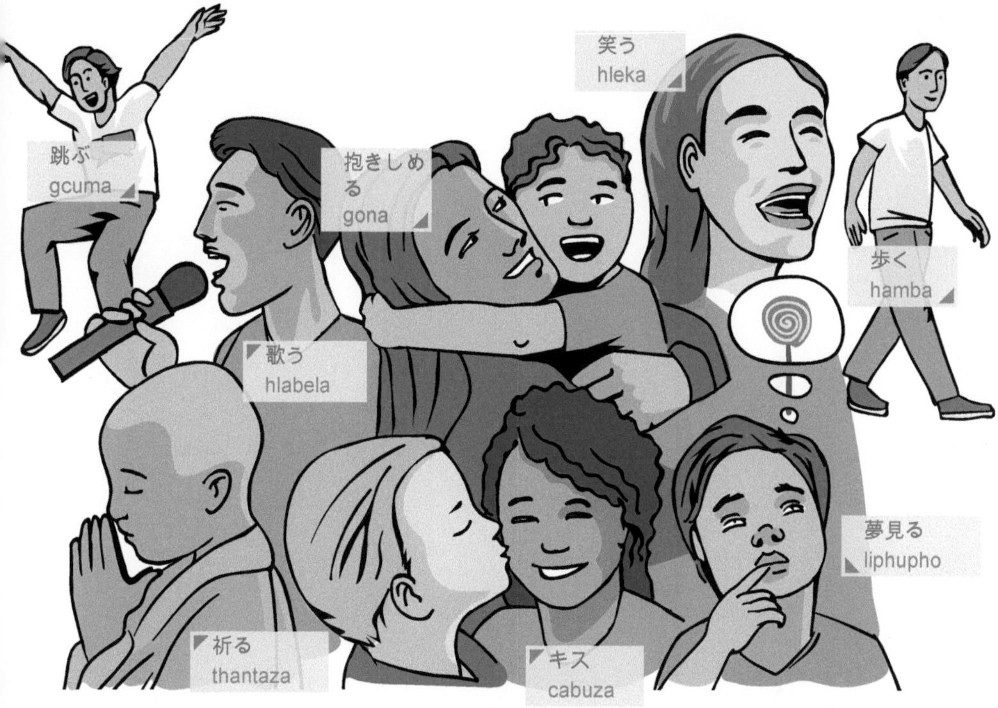

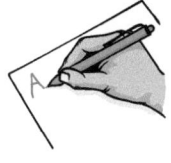

書く

bhala

描く

tsatsa

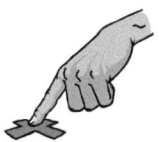

示す

khombisa

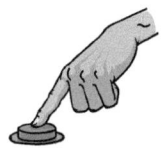

押す

fuca

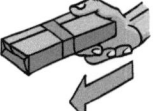

与える

nika

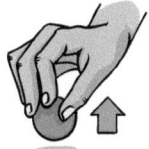

取る

tsatsa

持っている

tsatsa

する

yenta

ある

be

立つ

sukuma

走る

gijima

引く

dvonsa

投げる

jika

落ちる

wani

横たわっている

cala emanga

待つ

mani

運ぶ

tsatsa

座る

hlala

着る

yembatsa

眠る

lala

目が覚める

vuka

見る
buka

泣く
khala

なでる
shaya

櫛ですく
kama

話す
khuluma

理解する
condza

質問する
buta

聞く
lalela

飲む
natsa

食べる
dlani

片づける
gcogca

愛する
tsandza

料理する
pheka

運転する
shayela

飛ぶ
ndiza

ヨットに乗る

ntjuza

計算する

bala

読む

fundza

学ぶ

fundza

働く

sebenta

結婚する

shada

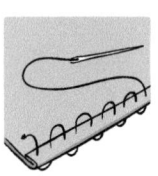

縫う

tfunga

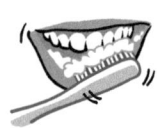

歯を磨く

kugeza ematinyo

殺す

bulala

喫煙する

bhema

送る

tfumela

祖母
gogo

祖父
mkhulu

父
babe

母
make

赤ん坊
umntfwana

娘
indvodzakati

息子
indvodzana

お客様

sivakashi

おば

anti

おじ

malume

兄弟

umnaketfu

姉妹

sisi

体

umtimba

ひたい
siphongo
目
liso
肩
lihlombe
指
umuno
顔
buso
あご
silevu
手
sandla
脚
umbala
胸
libele
腕
umkhono

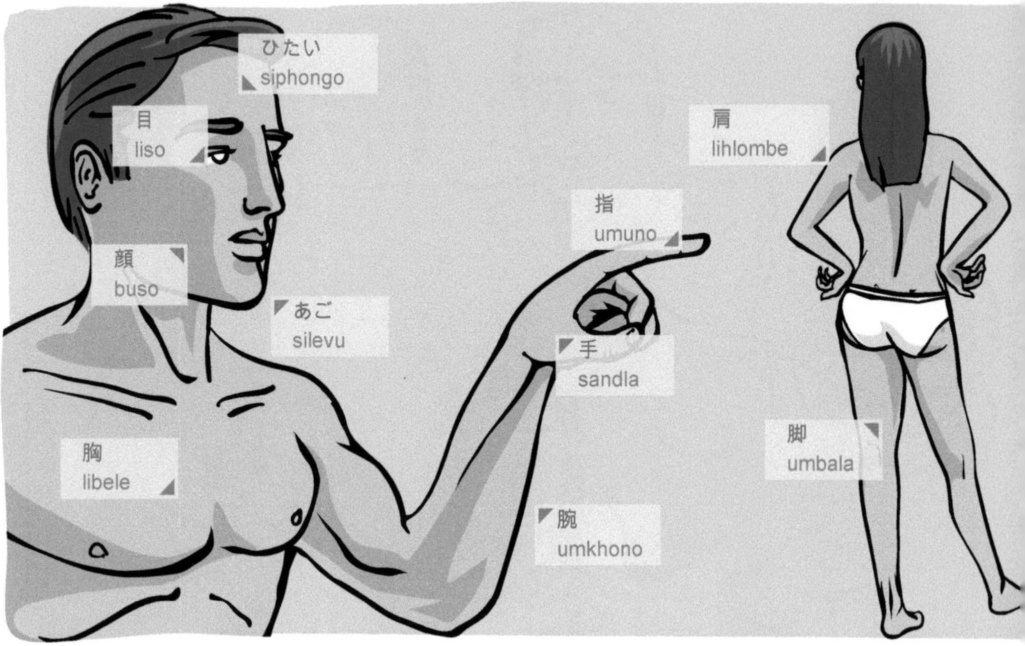

赤ん坊

umntfwana

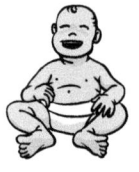

男性

indvodza

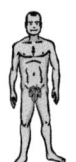

女性

umfati

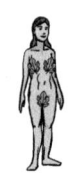

少女

intfombatane

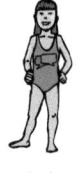

少年

umfana

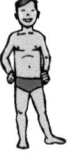

頭

inhloko

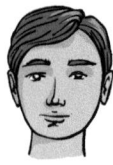

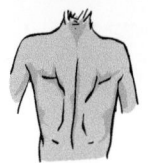

背中

emuva

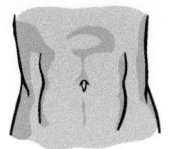

腹

umkhatjana

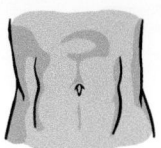

へそ

sibhono

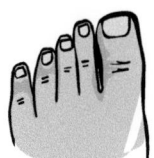

足指

luzwane

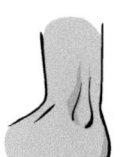

かかと

sitsendze

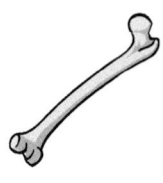

骨

litsambo

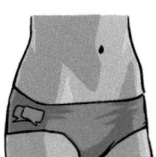

腰

litsanga

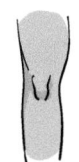

ひざ

lidvolo

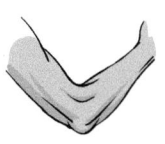

ひじ

ingcosa

鼻

imphumulo

尻

entansi

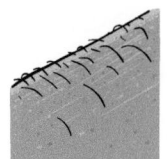

皮膚

sikhumba

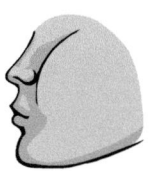

頬

sihlatsi

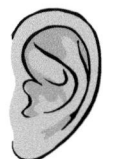

耳

indlebe

唇

indzebe

口
umlomo

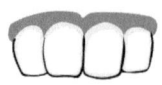

歯
litinyo

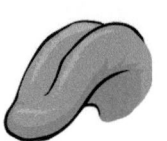

舌
lilimi

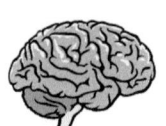

脳
bucopho

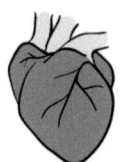

心臓
inhlitiyo

筋肉
umsipha

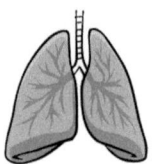

肺
liphaphu

肝臓
sibindzi

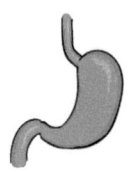

胃
sisu

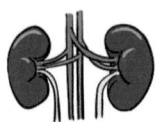

腎臓
tinso

セックス
kulalana

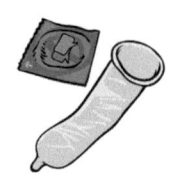

コンドーム
lijazi lemkhwenyana

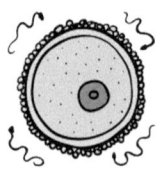

卵細胞
licandza lentalo

精液
sidvodza

妊娠
kukhulelwa

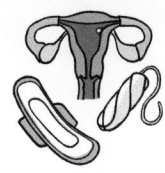

月経

kuya esikhatsini

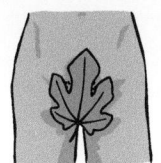

膣

ligolo

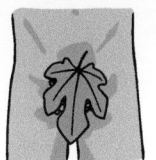

ペニス

umpipi

眉

inkhophe

髪

lunwele

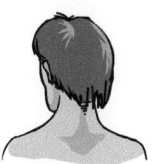

首

intsamo

病院

sibhedlela

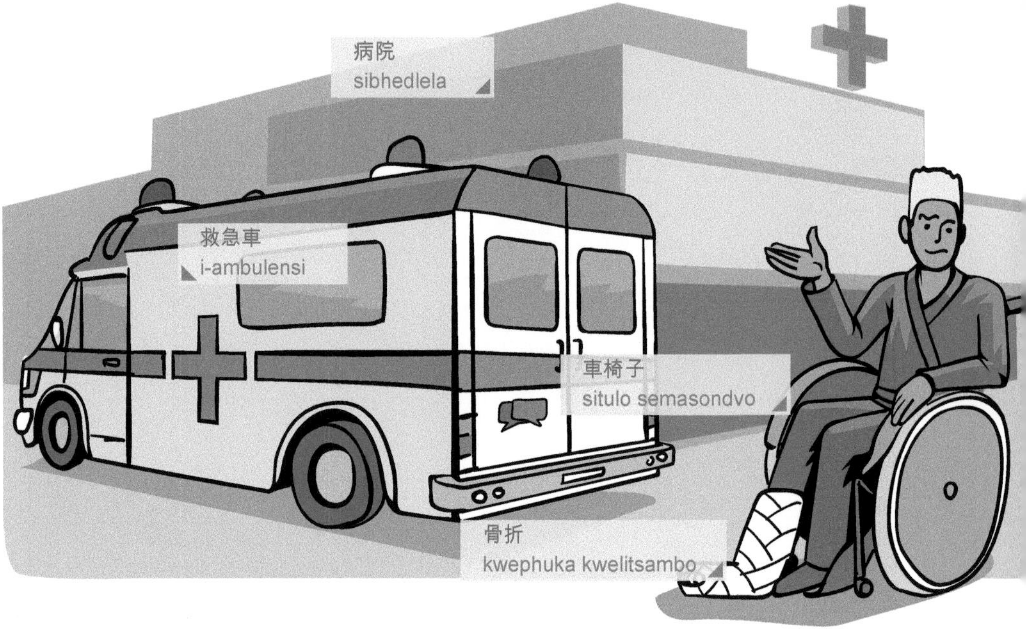

病院
sibhedlela
救急車
i-ambulensi
車椅子
situlo semasondvo
骨折
kwephuka kwelitsambo

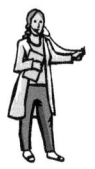

医師

dokotela

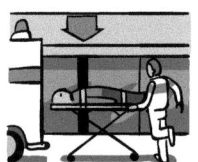

救急治療室

ligumbi letimo letiphutfumako

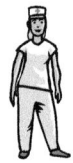

看護師

nesi

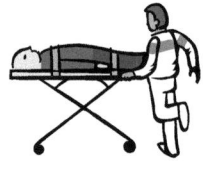

救急

simo lesiphutfumako

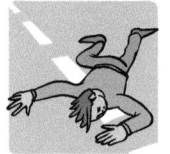

失神

kucaleka

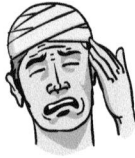

痛み

buhlungu

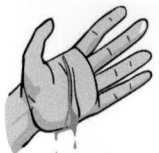

けが

kulimala

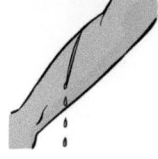

出血

kopha

心臓発作

kuhlaselwa sifo senhlitiyo

脳卒中

kufa luhlangotsi

アレルギー

i-aleji

咳

kukhwehlela

熱

kushisa

インフルエンザ

umkhuhlane

下痢

kusheka

頭痛

kubulawa yinhloko

癌

umdlavuza

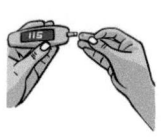

糖尿病

kuba nashukela

外科医

dokotela

外科用メス

umukhwa wekusika
wabodokotela

手術

kusikwa

CT

i-CT

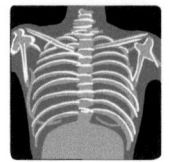

レントゲン

i-x ray

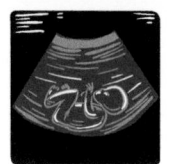

超音波

umsindvo

マスク

sifonyo

病気

sifo

待合室

ligumbi lekulindza

松葉づえ

indvuku yekuhamba

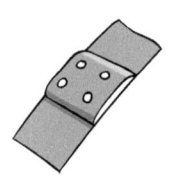

ばんそうこう

i-plaster

包帯

ibhandishi

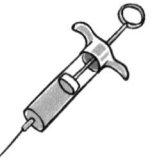

注射

umjovo

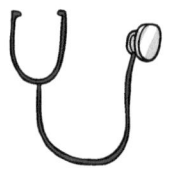

聴診器

lithulusi labodokotela
lekulalela inhlitiyo

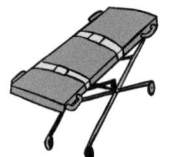

担架

luhlaka

体温計

kwekuhlola lizinga lemuntfu
lekushisa

出産

kutalwa

肥満

kunona kakhulu

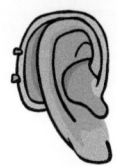

補聴器

tinsita tekuva etindlebeni

消毒剤

sibulali magciwane

感染

kwesuleleka ngesifo

ウイルス

ligciwane

HIV / エイズ

i-HIV / AIDS

内服薬

umutsi

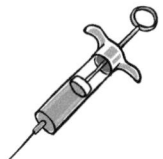

予防接種

kugoma

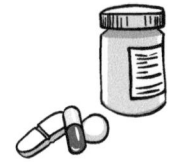

錠剤

emaphilisi

ピル

liphilisi

緊急電話

lucingo loluphutfumako

血圧計

sicaphi semfutfo wengati

病気の / 健康な

gula / umcemane

助けて！

Lusito!

アラーム

i-alamu

暴行

kuhlukumeta

攻撃

kuhlasela

危険

ingoti

非常口

umnyango wekuphuma
nakuphutfuma

火事だ！

Umlilo

消火器

sicishamlilo

事故

ingoti

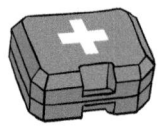

救急箱

ikhidi yelusito lwekucala

SOS

SOS

警察

emaphoyisa

ヨーロッパ

i-Europe

北米

iNyakatfo YeMelika

南米

iNingizimu YeMelika

アフリカ

i-Afrika

アジア

i-Asia

オーストラリア

i-Australia

大西洋

i-Atlantic

太平洋

i-Pacific

インド洋

i-Idian Ocean

南極海

i-Antarctic Ocean

北極海

i-Arctic Ocean

北極

Ligumbi laseNyakatfo

南極

Ligumbi laseNingizimu

南極大陸

iAntarctica

地球

Umhlaba

陸

indzawo

海

lwandle

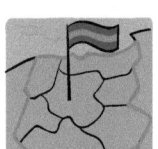

島

sichingi

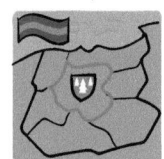

国家

sive

国家

umbuso

文字盤

buso beliwashi

短針

li-awa

長針

imizuzu

秒針

imizuzwana

何時ですか？

sikhatsi sini nyalo?

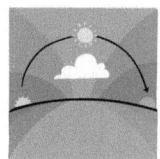

日

lusuku

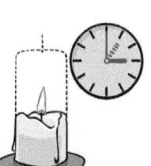

時間

sikhatsi

現在

nyalo

デジタル時計

liwashi lesimanjemanje

分

umzuzu

時間

li-awa

週
liviki

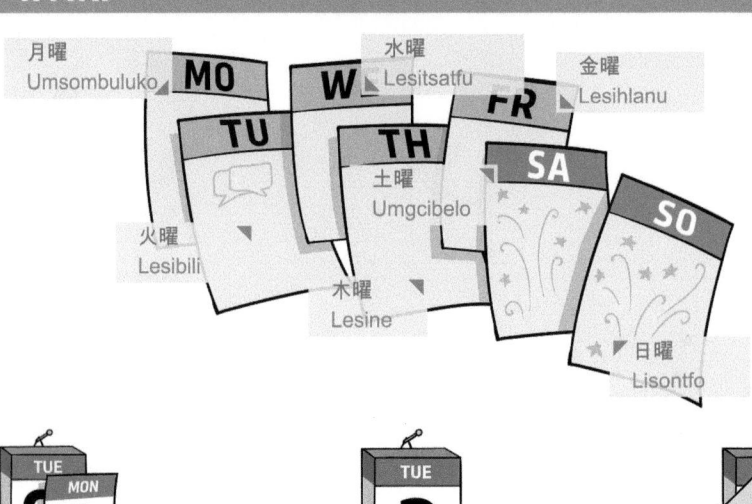

月曜
Umsombuluko
MO

水曜
Lesitsatfu
W

金曜
Lesihlanu
FR

火曜
Lesibili
TU

木曜
Lesine
TH

土曜
Umgcibelo
SA

日曜
Lisontfo
SO

昨日
itolo

今日
lamuhla

明日
kusasa

朝
ekuseni

昼
emini

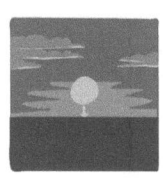

夜
entsambama

営業日
emalanga emsebenti

週末
imphelasontfo

年

umnyaka

虹
umushi wenkhosatane
雨
imvula
雪
umkhitsiko
風
umoya
春
Intfwasahlobo
秋
Intfwasabusika
夏
lihlobo
冬
busika

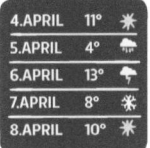

4.APRIL 11°
5.APRIL 4°
6.APRIL 13°
7.APRIL 8°
8.APRIL 10°

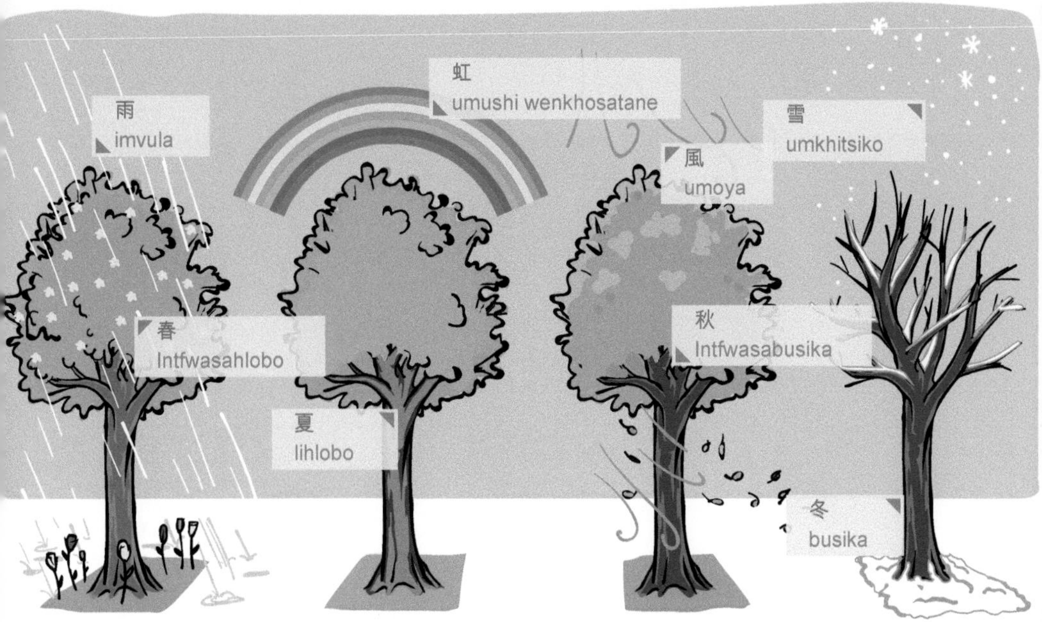

天気予報

simo selitulo

F C
120 90 60 30 0 -30
40 30 20 10 0 -10 -20

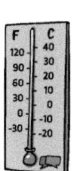

温度計

kwekuhlola lizinga lekushisa

日差し

kubalela

雲

emafu

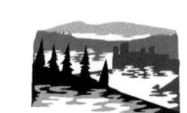

霧

inkhungu

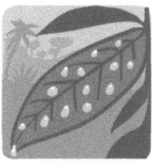

湿度

umswakamo

雷

umbane

雷

umbane

嵐

kudvuma lobunebungoti

ひょう

sangcotfo

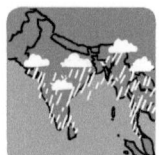

季節風

inyeti

洪水

tikhukhula

氷

lichwa

1月

Bhimbidvwane

2月

Indlovana

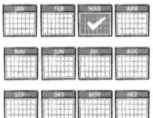

3月

Indlovulenkhulu

4月

Mabasa

5月

Inkhwenkhweti

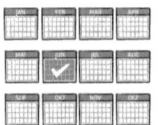

6月

Inhlaba

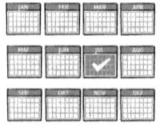

7月

Kholwane

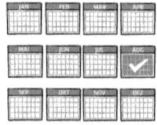

8月

Ingci

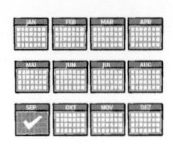

9月

Inyoni

10月

Imphala

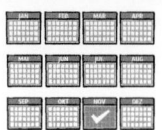

11月

Lweti

12月

Ingongoni

形

kubumbeka kwetintfo

円

indingiliza

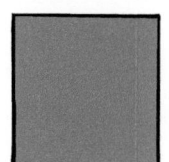

正方形

sikwele

長方形

umdvwebo lonetinhlangotsi
letindze letilinganako

三角

ncantsatfu

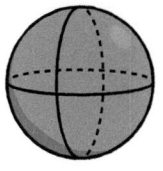

球

i-sphere

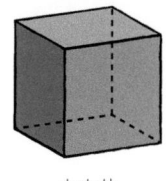

立方体

ikhiyubhu

白
kumhlophe

黄
phuti

オレンジ
sheli

ピンク
kupinki

赤
kubovu

紫
kunsomi

青
luhlata

緑
luhlata njengetjani

茶
loku-brown

灰色
mtfubi

黒
mnyama

多い ／ 少ない

kunyenti / kuncane

怒っている /
落ち着いている

kutfukutsela / kwehlisa
umoya

美しい ／ 醜い

buhle / bubi

初め ／ 終わり

sicalo / siphetfo

大きい ／ 小さい

bukhulu / buncane

明るい ／ 暗い

kukhanya / bumnyama

兄弟 ／ 姉妹

bhuti / sisi

清潔な / 汚い

kuhloba / kungcola

完全な ／ 不完全な

kuphelela / kungapheleli

日中 ／ 夜

imi / busuku

死んだ ／ 生きている

kufa / kuphila

幅広い ／ 狭い

kubanti / kuncane

食べられる /
食べられない
lokudliwako / lokungadliwa

悪意のある / 親切な
inhlitiyo lembi / umusa

興奮している /
退屈じている
kutsakasa / kudvumala

太った / 痩せた
sidudla / umcondvo

最初に / 最後に
kwekucala / kwekugcina

友人 / 敵
umngani / sitsa

いっぱいの / 空の
kugcwala / kute lutfo

硬い / 柔らかい
kucina / kutsamba

重い / 軽い
kusindza / kulula

空腹 / 喉の渇き
kulamba / koma

病気の / 健康な
gula / umcemane

違法な / 合法な
kungabi semtsetfweni /
kuba semtsetfweni

賢い / 愚かな
kuhlakanipha / bulima

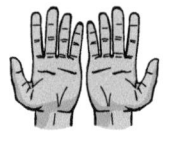

左に / 右に
sencele / sekudla

近い / 遠い
dvutane / khashane

新しい ／ 中古の

lokusha / lokudzala

何もない ／ 何かある

kute lutfo / kunalokutsite

老いた ／ 若い

budzala / busha

オン ／ オフ

kuyasebenta / akusebenti

開いている ／
閉まっている

kuvulekile / kuvalekile

静かな ／ うるさい

kuthula / umsindvo

裕福な ／ 貧乏な

kunjinga / kuphuya

正しい ／間違っている

kulungile / akukalungi

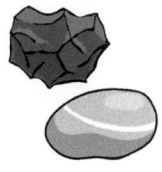

粗い ／なめらか

kuyahhedla / kuyashelela

悲しい ／ 幸せな

kuva buhlungu / kujabula

短い ／ 長い

kufishane / kudze

ゆっくり ／ 速い

kunwabuka / kushesha

濡れた ／ 乾いた

kumanti / komile

温かい ／ 冷たい

kufutfumele / kusivuvu

戦争 ／ 平和

imphi / kuthula

0

ゼロ

indilinga

1

1

kunye

2

2

kubili

3

3

kutsatfu

4

4

kune

5

5

sihlanu

6

6

sitfupha

7

7

sikhombisa

8

8

siphohlongo

9

9

yimfica

10

10

lishumi

11

11

lishumi nakunye

12

12

lishumi nakubili

13

13

lishumi nakutsatfu

14

14

lishumi nakune

15

15

lishumi nesihlanu

16

16

lishumi nesitfupha

17

17

lishumi nesikhombisa

18

18

lishumi nesiphohlongo

19

19

lishumi nemfica

20

20

emashumi lamabili

100

100

likhulu

1.000

1000

inkhulungwane

1.000.000

100万

sigidzi

英語

Singisi

アメリカ英語

Singisi saseMelika

中国標準語

SiMandarini seseShayina

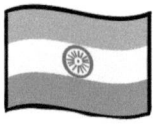

ヒンディー語

SiHindi

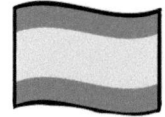

スペイン語

Sipanishi

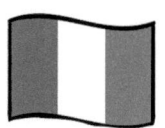

フランス語

SiFulentji

アラビア語

Si-Arabu

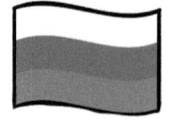

ロシア語

SiRashiya

ポルトガル語

SiPhuthukezi

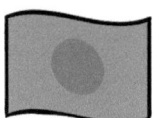

ベンガル語

SiBhengali

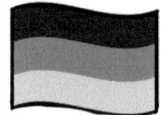

ドイツ語

SiJalimane

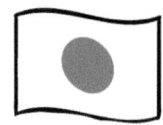

日本語

SiJapane

私

Mine

あなた

wena

彼 / 彼女 / それ

yena / yona

私たち

tsine

あなたたち

nine

彼ら

bona

誰？

bani?

何？

ini?

どうやって？

njani?

どこ？

kuphi?

いつ？

nini?

名前

libito

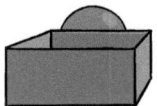

後ろ

ngemuva

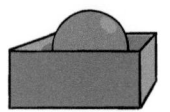

中

ekhatsi

前

embi kwe

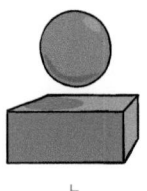

上

ngenhla

上

etulu

下

ngephansi

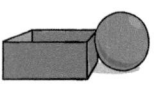

横

eceleni

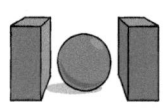

間

emkhatsini

場所

indzawo